空を飛んだ夏休み

―あの日へ―

作　丘乃れい
絵　大西雅子

もくじ

ここはどこ？

ん？
何だかへん？
これってなに 夢《ゆめ》？
私《わたし》、夢を見てる？
からだがフワフワしていて
それに暗い
いったいここはどこ？
海の中？

あっ…　何か聞こえる…　声？…　声かしら？
『ユミ――　ユミ――　』
私の名前だわ……　誰《だれ》かが私を呼《よ》んでいる
『ユミ――　ユミ――　』
誰？…　誰なの……　どこにいるの？……
『早く、早く私を見つけて……』
そんなこと言われても……　ムリよ、
だって暗くて何も見えないんだモン。
『ユミ――　あなたには見えるはず……』
どこなの……　どこを向けば見えるの？
遠くでキラッと光がさした！
見えた！
そこなのね。あなたはそこにいるのね！
分かった、いま行くから。

あぁ　まぶしい！
光が――　光がうずになって
どんどん向かってくる！
ウソ！――
ウソでしょ！　そんな！
あぁ―　ぶつかるぅ――！
助けて――！
あぁ――
あぁ――

始まった夏休み

大きな悲鳴をあげながら、ゆみはベッドから床《ゆか》に転落した。

ドドーーーン！

「いてーッ」

ぶつけた頭をなでながら、ゆみは恐《おそ》る恐る顔を上げあたりを見回した。

ここは……　私《わたし》の……　私の部屋だ。

小学5年生になってからは、弟のゆずると一緒《いっしょ》だった部屋から、念願《ねんがん》だった自分だけの部屋をもらえた。その時、買って貰《もら》ったベッドはゆみのお気に入り。でも二段《にだん》ベッドのように枠《わく》がないので何度も落ちてしまう。

上手に寝《ね》られるのはいつになるかしら？

なんて思いながら、見慣《みな》れた自分の部屋に安心したゆみは、小さな吐息《といき》をひとつこぼした。

……良かった……　怖《こわ》かったけど夢《ゆめ》だった。

胸《むね》をなで下ろしてふと時計に目をやると、六時十五分。あわてて起きて、窓を開け通りを見ると、仲良しの咲子《さきこ》ちゃんが歩いてくるのが見えた。

——あ、咲ちゃんが来る、急がなくちゃ。

ゆみは、

「夏休みの一日は朝のラジオ体操《たいそう》から始まりまぁーす」と声を出しながら、ダダッと階段《かいだん》を駆《か》け下り、台所に向かって、

「お母さん！　いま咲ちゃんが来るから待っててもらってね。すぐ着替《きが》えるから」

台所にいたお母さんが振《ふ》り向いて、

「一度ぐらい、自分から誘《さそ》いに行くようにしなさいよ」

そこへ、すかさずおばあさんがヌッと顔を出して、

「また落ちたんだろ？」

ゆみはベッドから落ちたことを見破《みやぶ》られバツが悪い。

おばあさんは天井《てんじょう》を指さしながら、

「そのうち大きな穴《あな》が開くね」
と笑った。
大急ぎで着替えをしたゆみは、玄関《げんかん》を飛び出し
「咲ちゃん、おまたせ！」
咲子が笑顔で「ウン」とうなずき、駆け出そうとした時
「ボクも連れてって！」と、後ろから声が
見れば弟のゆずるだ。そばで愛犬のビッグゴンが嬉《うれ》しそう
にしっぽを振っている。ビッグゴンは名前とはまるで逆《ぎゃく》の
可愛《かわい》い子犬だ。
ゆみは「いい？」と咲子に目配りすると「モチッ」と咲子
も大賛成《だいさんせい》。
「よーし、では全員集合で、レッツゴー！」
三人と一匹がいっせいに駆けだした。
七月の太陽がゆみ達にまぶしくふりそそぐ。

班《はん》学習の題材は？

夏休みが始まって数日が経《た》ったある日の午後――。

ゆみの家の居間《いま》には、咲子《さきこ》をはじめ四人のクラスメイトが集まっていた。どうやら勉強会のようだ。みんなはテーブルを囲んで、それぞれが持ってきた本を見比《みくら》べては、ワァーワァーと騒《さわ》いでいる。

そんな子供《こども》たちの声は台所にも聞こえていた。お母さんが子供たちに冷やしたスイカを切っていた。

そばでおばあさんが、

「ふふ……、あれで勉強ができてるのかね」と言いながら、スイカをのせたワゴンを押《お》して、居間へ向かった。

「さあ、みんな、ちょっと一休みしては？　はい、よく冷えたスイカ」

みんなはいっせいに歓喜《かんき》の声をあげる。

「ワァー、おいしそう！」

「やったー」

「ありがとうございます」

「いただきます～ッ」と、洋平《ようへい》が一番にかぶりついた。

「オォー、冷たくてうまいッ」

他の四人も次々と手に取って食べ出した。

おいしそうに食べる子供たちの様子を見ながら、おばあさんはたずねた。

「今日はいったい、何のお勉強かしら？」

ゆみが待ってたように
「歴史調べ」

「ヘェーぇ、歴史？」

それに、拓也《たくや》が説明をしてくれる。

「それぞれの班で、昔に起きた出来事の一つをくわしく調べて二学期に発表するんです」

「それはいい事だねえ。でも、歴史と一口に言っても長いからねえ、こりゃ大変だ」

二つ目のスイカにかぶりついたゆみが、ふと手を止めて
「ねえ、ひぃばぁー、昔の事でいちばん心に残っているこ
とって何？」
「おやまぁ、ひぃばぁーの歴史調べかい？……そうだねえ、
いろいろあったけど……やっぱり戦争だね……」
「戦争？」
「嫌《いや》な思い出だけどね……中でも、広島に落とされた原子《げんし》
爆弾《ばくだん》のことは忘《わす》れられないよ」
「原爆《げんばく》のこと？……」
「そう……原爆。……ひぃばぁーはね、あのころ広島にい
たんだよ。親戚《しんせき》の家に、お母さんと二人で疎開《そかい》していてね」
「エーッ！」
「でも、原爆が落とされる少し前に、呼《よ》び戻《もど》されてこっち
へ帰ってきたの……それで、死なずにすんだの……」
「ひぃばぁーたら……おどろいた！　それって、ホントに
ホント！」

「作り話じゃ言えないよ……」

「だって、そんな話、はじめて聞いたもの」

「ウンと昔のことだもの……ひぃばぁーは今のみんなと同じくらいの年だったし……でもね、いちばん心に残っている出来事だね。だってみんなも良く知っている通り、広島はあの後大変なことになったし、あのままいれば、ひぃばぁーもゆみもここにはいないものね……」

おばあさんの言葉に、みんなは思わず顔を見合わせた。

「イヤな事言っちゃったかね。せっかくのスイカが台無しになったかな……ごめんね。もう向こうへ行くわね。じゃあ、しっかりお勉強の続きをしておくれ」

と言って申《もう》し訳《わけ》なさそうに居間から出て行った。

思いがけないおばあさんの話に、みんなが顔を見合わせながらゆみに視線《しせん》を向けた。

ゆみも驚《おどろ》きをかくせない……。

咲子がテーブルに身を乗り出して
「ねえ……今のおばあさんの話……どう思う?……」

「驚いたよ……こんな身近にあの時の広島にいた人がいるなんてさ……」

信じられない面持《おもも》ちで洋平が言った。

みんなの表情《ひょうじょう》が少し前とは変わっている。

「ゆみちゃん……」ポカンとしているゆみに咲子が声をかけた。

「……えっ……あ、…わたし?……」

「思いついたんだけど、今の話、班学習の題材にできない?」

「え?、ひいばぁーの事?……それとも広島の原爆?」

「両方……『おばあちゃんの広島』みたいな……」

咲子は決めたいように言った。

「いいと思うけど……私……まだ実感がわかない……

それに、ひいばぁーにも聞いてみなくっちゃ……」

「それって班学習のテーマとしてはとても意味があると思う。一人じゃきっとできないもの」と、真剣《しんけん》な顔つきになって加奈《かな》が言った。

「ゆみとおばあさんが賛成してくれるなら、もう少し詳《くわ》しい話をみんなで聞きたい」

大きくうなずいた四人の、期待にあふれた顔がゆみにそそがれている。

その夜、ゆみは母のパソコンで原爆の資料《しりょう》写真を見ていた。

「……すごいんだ。原子爆弾ってほんとにすごいんだ」

「そう……１９４５年８月６日広島原爆投下の日……あれからずいぶんたったけど、いま世界大戦なんかが起きたら地球はもうおしまいでしょうね」

「知ってる。ボタンを押すだけで地球が全滅《ぜんめつ》するような爆弾があるんでしょう。こわいなぁ」

「ほんとうにこわい時代なのよ。ゆみたちが大人になった時、どうかそんなことが起こらないようにって願ってるのよ」

いつのまにか、おばあさんが来ていて、ゆみとお母さんの話を聞いていた。おばあさんはしみじみと

「ほんとうだねぇ。核《かく》ミサイルとか、核爆弾とか物騒《ぶっそう》だものねぇ」

そこへ、指鉄砲《ゆびてっぽう》で三人を撃《う》つマネをしたゆずるが入ってきた。

「ババァーン、バババババァーン、戦争だ！　バババァーン」

ゆみは弟をにらみつけて、

「ゆずる！　そういうことはいけないことなの！　人を撃ったりしちゃいけないのよ！」

「ゆずる、お姉ちゃんの言う通りよ」と、お母さんにもたしなめられたゆずるは、うなだれて撃つマネをやめた。

「さあ、ゆずるはもう寝ましょうね」

お母さんはそう言ってゆずるを連れていった。

パソコンに映《うつ》る痛々《いたいた》しい画面の数々。時々ため息をもらしながら、それでも見続けるゆみ。

側で見ていたおばあさんが

「心がえぐられてしまいそうだよ……」

――ゆみの心もひどく痛かった。

おばあさんを囲んで

それから幾日《いくにち》か経《た》ったおそい午後。

ゆみの家にグループのみんなが集まった。居間《いま》のテーブルでおばあさんを囲んで、それぞれ一生懸命《いっしょうけんめい》ノートをとっている。

「空襲警報《くうしゅうけいほう》って聞きました？」

「防空壕《ぼうくうごう》に入った事ありますか？」

「その時ってどんな感じ？」

聞きたい事をいっぱい用意したみんなが、おばあさんに質問《しつもん》をあびせている。

おばあさんは思い出すように、宙《ちゅう》を見つめながら「空襲警報はこっちにいた時

から聞いていたよ。夜にサイレンが鳴るとね、部屋の灯りを消してローソクにして、サイレンが鳴りやむのを息をひそめて待っていた。広島でもそうだった……。戦争が終わってからも、停電《ていでん》になるとあの時のサイレンの音が聞こえるようで……いつまでも怖《こわ》かった……。あぁ………思い出すだけで辛《つら》くなる………。二度とあってほしくないね……あんな時代は」

目を閉《と》じて辛そうに言うおばあさんの様子に、次々と質問をしていたみんなが顔を見合わせ、悪そうにうつむいた。

「ごめんなさい……質問が悪くて……」と、拓也《たくや》。

みんなのしょげた顔に、おばあさんは気持ちを取り戻《もど》し
「ひぃばぁーこそ悪かったね。こうしてみんなが話を聞き
にきてくれているのに、年甲斐《としがい》もなくおセンチになっちゃ
って。じゃ、次は何に答えましょうか」
質問は続けていいんですか？　と、言いながら咲子《さきこ》が
「戦争が一番心に残っている……と言うのは、広島の原爆《げんばく》
に会わなかったからなんですか？」
おばあさんはひと呼吸《こきゅう》すると、
「その事を抜《ぬ》きにはできないのだけど。でも、本当はね、
子供心《こども》にもずぅーと気になっていた事があって……」
「気になっていた事って……どんな？」
ゆみは遠慮《えんりょ》ぎみに聞いてみた。
「短い間の疎開《そかい》だったけど、お友達になった女の子がいて
ね。同い年だった。そりゃ仲良しさんでね、毎日毎日一緒《いっしょ》
に遊んでいたの。お人形さんごっこをしてね」
「気になるって……その女の子のこと？……」

「分かった。おばあさんは帰ってきたけど、その子は広島に残ったままだから」と、すかさず加奈《かな》が推理《すいり》をはたらかせる。

おばあさんはおもむろにコクリとうなずいた。

！　！　！　………。

女の子は、原爆にあったんだ！

顔を見合わしたみんなの間を、同じ思いが瞬時《しゅんじ》に行きかった。みんなは、戸惑《とまど》いの中で言葉が見つからない。

「またまたみんなを驚《おどろ》かせて、悪いひぃばぁーだね」

「その子のこと忘れずに、今まで？」

「普段《ふだん》は忘れているんだけど、あの歌を聞くたびに思い出してしまうんだよ」

「どんな歌？……聞いてもいい？」と、ゆみ。

「みんなは知ってるかしらねぇ？」

と、言っておばあさんはゆっくりと歌い出した。

♪　あ～おい目をしたお人形は～
アメリカ生まれのセ～ルロイド
日本の港へ着いたとき～　一杯涙《いっぱいなみだ》をうかべてた
私は言葉がわからない　迷子《まいご》になったら
なんとしょう～　や～さしい日本の嬢《じょう》ちゃんよ
仲良《なかよ》く遊んでやっ～とくれ
仲良く遊んでやっ～とくれ

「へ～ぇ、可愛《かわい》い。そんな歌があったんだ」

ゆみの言葉にみんなも小さくうなずいた。

「さっき、おばあさんが言ったお人形ごっこのお人形が青い目だったんだ……でしょう？」

推理好きの加奈が得意《とくい》げだ。

「その通りだよ。だからすっかり忘れていても、この歌を聞くとあの子のことを思い出してしまう……戦争は残酷《ざんこく》なものだ……」

加奈を除《のぞ》いたみんなに、少し重い時間が流れる中

「その青い目のお人形って、どうなったんですか？」
加奈は興味《きょうみ》しんしんだ。何気なく聞いていたゆみの心が、
この時ふっと何かに動かされた。
「ひぃばぁー。そのお人形……まだ持ってる？」
「それがね……分からないんだよ」
「分からないって、どういう事？　だって、ずーっと気に
なっていた事なんでしょう」
「それはその通りなんだけど……戦時中のことだからね
ぇ……あの時、急いで荷造《にづく》りしたのは、ひぃばぁーじゃな
くて、ひぃばぁーのお母さんだったし……帰ってきてか
らは、原子爆弾が広島に落とされた事で日本中が大さわぎ
になっていて……子供心にもお人形さんどころじゃなかっ
たよ……」
そう言われて、みんなも妙《みょう》に納得《なっとく》してしまった様子。
「でも、ホントにどうなったんだろう？　持って帰ってき
てるとすれば、屋根裏《やねうら》の物入れに放り上げたままの古いト

ランクの中かな？」

「屋根裏？……あのヘンな虫や蜘蛛《くも》の巣だらけの？」

「あるとすればだよ。他にはないと思う」

ヘンな虫やクモの巣に、みんなもちょっと尻込《しりご》み加減《かげん》。

「でもね、もし残っていたらちょっとスゴクない？」

咲子がみんなの顔色をうかがうようにいった。

「ダメもとで探《さが》してみる価値《かち》ありだと思う」と、拓也。

加奈もここぞとばかりに勢《いきお》いよく
「私もそう思う。で、提案《ていあん》なんだけど、ここはゆみちゃんのお家なんだから、ひとまずはゆみちゃんに任《まか》せるのが一番だと思うんだけど、どう？　みんなの意見は？」

その勢いにのったみんなも
「大賛成《だいさんせい》！」

「ちょ、ちょっと待ってよ！」

「こうなったら、ひぃばぁーも協力《きょうりょく》しなくっちゃね」

「はーい、決まりました！」と、咲子たちの笑顔。

お人形探《さが》し

勝手に決められてしまったお人形探し。

気持ちとしてはすぐにでも探したいのに、クモの巣やフン、それに虫の死骸《しがい》のことなんかを考えると、なかなか腰《こし》が上がらない。

実は、おばあさんもそうだった。協力しなくてはと言ったものの、遠い昔の記憶《きおく》に自信を無くしていた。

ゆみもおばあさんも、屋根裏《やねうら》の話を避《さ》けるように幾日《いくにち》かが過《す》ぎた。

「ひぃばぁー、青い目のお人形……探さなくっちゃね」

と、ゆみが言い出したのは、班《はん》学習で集まった日から一週間ほどが過ぎていた。

「そうだね。いつまでも放っておけないしね」

ようやく二人は重い腰を上げはじめた。

屋根裏に続くせまい階段《かいだん》を見上げながら
「ひぃばぁー、せまくて急な階段だから気をつけてね」

「あぁ、大丈夫《だいじょうぶ》だと思うよ」

「何だか気が進まないみたいに聞こえる」

「そうじゃないけど……ひぃばぁーね、思い出しながら
ずーっと考えてたんだけど……あのお人形のこと」

「何か思い出した？」

「そこには無いかも知れない……」

「ホント？　絶対《ぜったい》？」

「あるかもしれない……」

「う～ん、どっち？」

「ひぃばぁーにも良く分からなくて……探しても見つから
なかったらゴメンネ」

と言って、おばあさんは階段の前にゆっくり座《すわ》りながら、
ゆみにも座るよう手招《てまね》きした。

「ゆみちゃん、あのお人形にはこんな話があったのを思い

出してね……」

不安気に首をかしげながら座るゆみを前に
「ひぃばぁーがウンと小さい頃《ころ》、校長先生をしていたお爺《じい》さんの小学校に、アメリカからあのお人形が送られてきたの。親善大使《しんぜんたいし》としてね」

「ふ～ん、親善大使？」

「そう。だからあのお人形はとても大切にされて、長い間学校に飾《かざ》られていたんだって」

「あぁ～良かった、いい話で。怖《こわ》い話かと思ってちょっとドキドキした」

「その頃は、アメリカと日本は仲良しだったんだよ。それが、戦争が進む中でアメリカが敵国《てきこく》になっていって、敵の国の人形はみんな燃《も》やすようにっておふれが出てね、送られてきたお人形は次々と燃やされていったの。持っていてはいけなかったんだよ」

「そんなことがあったの……何も悪いことをしないただの

人形なのに燃やせだなんて……」

「そんな時代だった」

「じゃ、おばあちゃんはどうして持っていたの?!」

「お爺さんはどうしても燃やす事ができなかったようで、隠《かく》して家に持って帰ってきたんだって」

「それをひぃばぁーが見つけたってこと？」

「その時は知らなくて、広島へ疎開《そかい》した時の荷物の中にあったのを見つけたんだよ」

一つのお人形にも、聞けばそんな歴史と運命があるんだなぁ……と、ゆみは思わずにはいられない。

「今にして思えば、見つかれば大変な事になるお人形だから、広島の田舎《いなか》でなら大丈夫だろうと思って、荷物に入れたんでしょうね。でも、そんな事情があるなんて知らないから、あのお人形のおかげで、あの子と仲良しになれたんだよ」

「そんな訳《わけ》があるお人形なら、もっと本気で探さなくっちゃ。そうでしょ、ひぃばぁー」

「そうだね。見つかっても、もう誰も燃やせなんて言わないんだし、ウンと大事にできるからね。でも……」

「でも、何？」

「見つからなかったら……ゆみやみんなに悪いしね……」

「ひぃばぁー、そんな心配はいらないと思う。もし、無かったとしても班学習にできるいい話なんだし、見つかったら咲ちゃんの言う通りスゴイことなんだから」

「そうかい。ゆみがそう言ってくれると少し気が楽になったよ」

おばあさんの気持ちが少し前向きになった。

「そのお人形、青い目は聞いたけど、大きさは？　どんな服を着てた？　名前はつけてあげた？」

おばあさんは、両手を上下に40センチ程《ほど》に広げて

「これ位かな……つばの広い可愛《かわい》い帽子《ぼうし》をかぶっていて、髪《かみ》はきれいな栗《くり》色だった……そうだ、胸《むね》当てのついたフリルのエプロンをしていてそのエプロンの端《はし》っこに名前の刺《し》繍《しゅう》があった……」

「何て、なんて名前だった？」

「う～んとね、……確《たし》か……確かね……」

おばあさんは一生懸命《いっしょうけんめい》思い出そうとしている。戦争のさ中

初めて疎開した広島の田舎、青い目のお人形で笑って遊んでいる二人――。二度と起きてほしくないと思う戦争の中にもあった平和な時間――。おばあさんの目が、遠い昔の日に帰ってる……と、ゆみは思った。

「……ミ、初めにミが付いていたような気がする……」

「ミ？　ミキちゃん？　ミエ？　ミドリ？　ああ、これみんな日本の名前だ。違《ちが》うよね」

おばあさん、ゆみのヒントに耳もかさないで

「ミ、ミー……ミー……」

「ふっふっ、それって猫《ねこ》ちゃんだってば」

「ミーナ？……違う。ミユー？　これも違う。ミリー？ミリーだ！　思い出した！　青い目のミリーちゃんだ！」

おばあさんはついに思い出した。

「ミリーちゃん！　あぁ、なんて素《す》敵《てき》な名前！」

ゆみのワクワク度がグングン上がっていく。

「クモの巣もヘンな虫もへっちゃらだ！　ミリーちゃんを探しに屋根裏探検《たんけん》だッ！」

興奮《こうふん》して、ワクワクして、ドキドキしながら、クモの巣もヘンな虫もどこかへ飛んでしまう位の勢いで向かった屋根裏部屋。

だったのに――――。

おばあさんのかすかな記憶と、ゆみの熱い期待は完全に裏切られた。汗にまみれながら屋根裏《やねうら》を這《は》いずり回って探した青い目のお人形ミリーは、どこにも見つからなかった。

その夜、意気消沈《いきしょうちん》はしたものの、ゆみはどうしても諦《あきら》め切れない。

ベッドに入ってからも頭の中をよぎるのは、ミリーのことばかり。

明日、もう一度探してみよう。このままじゃ気持ちが収《おさ》まらないもん。そう決めると昼間の屋根裏部屋を思い返してみた。

一生懸命さがしてくれたひぃばぁー。

「もう、見つからないね。どこへいったんだろう？……

ゴメンネゆみ……」

そう言ったひぃばぁーは、気の毒《どく》なくらいしょげていたけど。でも、お目当ての古いトランクを見つけた時なんか、あった、あった、あったこのトランクだ！　なんて、ひぃばぁーはすごく楽しそうだった。ほこりだらけのトランクを撫《な》でるようにして
「なつかしいね。何年ぶりだろう……まさかこんな日が来るなんてねえ……」と、ミリーを見つける約束《やくそく》など忘れてしまったように、見入っていたし、「ひぃばぁー、ミリーちゃんを探さなきゃ」て急かせたら「あっ、そうだった、そうだった」と言ってやっと、トランクに掛《か》かっていた紐《ひも》をほどいてくれた。で、開けたら、中から子供の頃に描い

た絵や日記帳、カバン、おもちゃ、なんかが出てきて、それを見たとたん、ひぃばぁーの顔がいっぺんに笑顔になった。私《わたし》だって思わず
「ヒエーッ、これ、みんな、ひぃばぁーのもの?」と大きな声を出した位楽しかったなぁ。

それに、可愛い布で縫《ぬ》ってあった袋《ふくろ》を手に取って、

「これこれ、おばあちゃんのお母さんが作ってくれた大好きな手提袋《てさげぶくろ》。この手提げに教科書を入れて学校に通っていてね。しっかりしているね。今でも使えそうだよ」

なんてすっかり子供の頃に返っていて、見ていてとても可愛かった。

これが教科書！　このオモチャ、ゼンマイで動くの？

この写真、ひぃばぁー？！　あっ、お手玉だッ、なんてもうホントにタイムスリップした気分になって面白かった。

「いっぺんにあの頃に帰ったようだよ」と、言ったひぃばぁー。肝心《かんじん》のお人形は出てこなかったのに、何だか幸せそうだった。

……ミリーちゃん人形、見つけたかったなぁ。ツバの広い帽子をかぶった栗毛が綺麗《きれい》な青い目のお人形……よし、明日は頑張《がんば》って探そうっと。

ふと、窓《まど》に目をやると、夜風に揺《ゆ》れるカーテンの向うに星空が見える。誘《さそ》われるようにベッドを離《はな》れると、窓辺《まどべ》に頬《ほお》杖《づえ》をついて夜空を見上げた。

流れ星がひとつ流れて消えていった。

「青い目のミリーちゃん、あなたはどこにいるの？」

ゆみは星に向ってお願いするように言った。

「隠れていないで、出てきて。今一番に会いたいのは私だけど、ひぃばぁーやグループのみんなもとても会いたがってる。だからお願い、明日はちゃんと出てきてね」

見上げる夜空は無数の光が輝《かがや》き、ひたすら美しい。

ゆみはベッドへ戻った。

流れ星がまたひとつ——。

それに気づくことなく、ゆみは眠《ねむ》りに入っていった。

これは夢《ゆめ》？　それとも？

遠くで「ユミー、ユミー」の声がする――

寝《ね》ていたゆみの顔に月の光がさしている。ゆみはうるさそうに寝返りを打った。

「ユミー、ユミー、起きて。目をあけて」

ゆみは眠《ねむ》りを妨《さまた》げられ、不機嫌《ふきげん》に片ほうの目だけを開け
「うん？　まだ夜中じゃないの」

と、再《ふたた》び目を閉《と》じたゆみの耳に
「ユミ、あなたにお願いがあるのよ」

えっ？　この部屋には私《わたし》しかいないはずなのに――。

確《たし》かに声が聞こえた。ゆみは眠《ねむ》りからひき離《はな》されて
「そこに誰《だれ》かいるの？　お母さん？」

半分開いた目で見慣《な》れた室内を見まわしてみるが、誰《だれ》もいない――。

なんだ気のせい？　と寝返りをうったゆみの耳に

「ここよ、椅子《いす》の上にいるの」

こんどははっきりと聞こえた。えっ！　飛び起きたゆみ。

「だ、誰？　誰よ?!」

「ゆみ、お願い。驚《おどろ》かないで私を見て」

声のする方をよく見ると、月明かりの中で古いお人形が椅子に座《すわ》っている。

「私、青い目のミリーよ。今日、あなたが探してくれたお人形」

可愛《かわい》い声だ。いたずらをするような感じもしない。ゆみはベッドから恐《おそ》る恐るおりて、椅子へと近づいた。

「青い目のミリー？……」

ゆみはポカンとしている。頭の中の整理がつかない。夢なのか現実なのか——。

「青い目のミリーちゃんって？　エーッ、ホント！」

ゆみは大きな声を出してしまった。

「大きな声を出さないで。今は夜中よ。みんなが起きてしまうわ」

でも、人形が話していることがそもそもゆみには驚きだった。

「お人形がどうして話せるの？　それに、あなたはアメリカ生まれだから言葉は英語のはず……そっか、やっぱりこれは夢なんだ」

「いいえ、夢じゃないの。今から私の話すことをよく聞いて」

「……」

いつだったか、前に読んだ本の中に似《に》たような事が書いてあった不思議な世界……。思えば、そんな出来事にずーっ

と憧《あこが》れていた。これって神様からの贈《おく》り物……？

もしそうなら、嬉《うれ》しい！

「あっ、待って。私、英語はぜんぜん分からないの。知ってる英語っていえば、チョコレート、アイスクリーム、ショートケーキ、フルーツパフェ、アップルパイ、あと……」

ゆみが思いつく横文字は食べ物の名前ばかり。

「ユミの英語、よく分かったわ。これから私の話すこと、落ち着いて聞いてね……私はアメリカで生まれたの、そして親善大使《しんぜんたいし》として日本の小学校へきたの。もうずいぶん前のことよ。その事はおばあさんから聞いてくれたわね。小

学校でのことはよく覚えてるわ。校長先生はとても優《やさ》しくて、正面玄関《しょうめんげんかん》に私を飾《かざ》ってくれたの。子供《こども》たちは私を見るなり、『可愛いお人形！』ってそれは喜んでくれた。私が一番幸せだった時よ」

瞬《まばた》きするのも忘《わす》れるくらいゆみはミリーを見つめていた。

そして何度も大きくうなずいていた。

「ほらね、私の話すこと、ユミにはみんな分かるでしょう、英語でも」

言われて気がついたゆみは驚いた。

「本当だわ！　あなたはアメリカで生まれて、日本の小学校に来た。そのあなたを子供たちはとても喜んでいた。あなたにとって一番幸せな時だったって。今、そう言ったのよね？」

ミリーがうなずいた。ゆみは感激《かんげき》して、

「わぁー、大発見だ！　私、天才少女だったんだ！　私、すごいんだ、どうしよう！」

興奮《こうふん》したゆみはベッドへ飛び込《こ》み、足をバタバタさせている。

「ユミ、ユミ」

「何？」

「そうじゃないの。あなたはフツーの女の子よ」

「違《ちが》うって！　だって、習ってもいないない英語がみんな分かるなんて、フツーじゃないわ。私って、超《ちょう》天才少女かもしれない……」

ゆみは自分にうっとりしている——と、

「ここへ来て……」とミリー。ルンルン気分のゆみは
「ええ、なんでも話して。あなたの言うことぜーんぶ分かるから」

自信満々な笑顔のゆみ。

「私、長い間、ずーっと待っていたの。誰かが私を探《さが》してくれる日を……あの日から今日まで、ずいぶん時間がかかってしまったけど……」

「あの日って？」

「そう、あの日。ユミと私を結びつけたのは『あの日』なのよ」

「……？」

「広島に原子爆弾《げんしばくだん》が落とされたあの日……あの時、私はヒロシマにいたの……」

「えっ？　じゃ、ひぃばぁーが帰る時、あの荷物の中にはいなかったってこと？」

「そう。おばあさんは知らなかったの。この家に帰る事が決まった時、疎開《そかい》先で仲良しになった女の子に私は貰《もら》われたのよ。あの時の私には一緒《いっしょ》に戻《もど》れない訳《わけ》があったの。知っているわね……」

悲しそうなまなざしをゆみに向け、ミリーが言った。ゆみは目を伏せ、コクンとうなずくしかできない。見つかってはいけないお人形は、おばあさんの荷物と一緒に密《ひそ》かに広島へ送られ、おばあさんが広島を去る時、見つかってはいけないお人形だからヒロシマに残された。

はるか遠い海を渡《わた》って、親善大使としてきた日本。アメリカ人形を初めて見る子供たちの心に、夢や希望、そして異《い》国《こく》への尽《つ》きない憧れをいっぱい与《あた》えてくれたのに……。

ミリーの運命を思えば思うほど、ゆみの心は切なくなる。

でも、……とゆみは思った。

あの時、ミリーを大切に思った大人たちは、何としてでもミリーを救いたかった。

見つかれば自分たちがどんなことになるのか分かっていたのに。

戦争という敵国《てきこく》に対する憎《にく》しみの中で、疎開の荷物にまぎらせて人目につかない田舎《いなか》に隠《かく》すのが、あの時考えられた最善《さいぜん》の方法だったんだ……。

「あの時の私の家族は、あなたを救いたかったのね。きっとそうだったんだ……」

「ユミ。私もそう思ってる……あなたの家族はみんなとてもいい人だった。戦争さえなければ……」

人は何故《なぜ》戦争なんかするのだろう？

戦争に巻《ま》き込まれたお人形は、何て答える？

「あの日も、私は女の子のひざの上でブランコに乗っていたの」

遠くを見てミリーが言った。

「あなたのおばあさんはいなくなったけど、あの子が私をとても可愛がってくれたので幸せだった。あのまま幸せが続くと思っていた……あの日までは」

「あの日って……原爆《げんばく》が落とされた日のこと？……」

「そう……。あの日は、ヒロシマにとって悪夢《あくむ》だった…」

目を伏《ふ》せてミリーが言った。月明りの中で、長いまつ毛が小さくふるえている。重い空気が二人を包んだ。もう言葉が続かない。このままじゃ闇《やみ》に吸《す》い込まれてしまう。

ゆみは、思い切って明るく言ってみた。

「一つ、聞いていい？」

ミリーの伏せた目から視線《しせん》がゆみに変わった。

「ええ、なんでも」

ゆみにはミリーと話していた間中、ずーっと不思議に思っていた事がある。

「何故？、何故いまあなたはここにいるの？　帰ってきたひぃばぁーの荷物の中に、あなたはいなかった。あなたは広島に残されて原爆にあって、何十年もたったお人形さんが、今どうしてここにいるの？」

笑顔に戻ったミリーは、澄《す》んだ目でゆみを見て答えた。

「あなたよ……」

「え、私？……」

「そう。あなたはあの日、広島で起きたことを知りたいと思ってくれたでしょ……そして、私を探してくれた……」

「それは、たしかにそうだけど」

「長い間、この日を待っていたの。やっとあなたと私をつなぐ糸が結ばれたの。あの日を通してね」

ミリーのまなざしが希望を思わせる。

「よく分からないな……」

「無理ないわ。あなたには突然《とつぜん》の事だもの」

「でも、悪くない。何だかワクワクするもの。いけない？こんな事言って。私、こういう不思議って大好きなんだもン」

「よかったわ、あなたがそういう人で。私はもう一度、あの日に帰らなければならないの……」

「あの日に？……無理だわ。もう昔の出来事よ、１９４５年よ、だから、え～と、今からね……」

ミリーが言葉をさえぎって
「ユミ、私の足を見て」と、フリルでいっぱいの可愛いスカートの裾《すそ》を少し上げた。

ん？　と見たゆみの目に映ったのは、小さな赤い靴《くつ》をはいた右足だけだった。左の足はなかった。

「？……ミリーちゃん……」
「私の左足を探してほしいの。
あの日になくしたの……」
「そうだったの……かわいそう……」
ミリーは、スカートを
戻しながら
「私の左足を探せる人
はあなたしかいない。
私を呼《よ》び出してくれ
たあなたしかね。ユミ」
「そんな風に言われると、
弱いんだなあ私。探してあげたい
気持ちは一杯《いっぱい》なんだけど、でも、どうやって探すの？
今、広島へ行って町中を探したとしても、見つかりっこな
いわ」
ミリーは首を振り、

「今じゃなく、あの日の広島に帰るのよ」

ゆみは驚いた。

「あの日の広島？　原爆の落ちた？　じょ、冗談《じょうだん》じゃないわ。どんなにお願いされても、これだけはお断《ことわ》りします！」

「一度きりのお願いなの」

「ダメ！　ダメです！　だって怖いモン」

「いえ、あなたには勇気があるわ。そうでしょ」

「もち、あるわよ。見てよ、あれ」

そう言って、ゆみは壁《かべ》の写真を指差した。

「バンジージャンプだって出来たんだから！　クラスで私だけなんだから。でも、それとこれとは、ベツ！」

「あなたは戦争を憎んでいるわ。そうでしょ」

「そうよ。戦争なんか絶対反対する！」

わめくようにゆみは言った。

ミリーはそんなゆみを落ち着かせるように

「あなたは私の足を見て、かわいそうって言ってくれたわ」

「言ったわ、言ったわよ」

ゆみは半ベソになりながら
「でも、あの日の広島になんか行っちゃったら、私も原爆で死んでしまう！　そんなのイヤー、死にたくないモン。だからダメ！　ダメなものはダメ――」

ゆみはベッドに伏して泣き出した。

「お願い、泣かないでユミ。あなたは死なないわ」

ミリーは言い聞かせるように静かに言った。

「ン？　今、なんて言った？」

「あなたは死んだりしない」

「？……」

「あなたは今の時間を生きている人よ。だからあの日を見ることは出来ても、あの日があなたを死なせることはできないの」

「？……」

ゆみには、ミリーが何を言っているのか訳が分からない。

「あー、それってどういうこと？　でも、ホント？　ホントにホント？　放射能《ほうしゃのう》がいっぱいかかっても死なないってこと？」

ミリーはしっかりとうなずいた。それを見て少し安心したのか、不安を残しながらも、いつものゆみに戻《もど》った。

「本当に信じていいの？　わたし、まだ怖いんだけど」

「大丈夫、私を信じて。そしてお願いだから、私の左足を見つけて」

「分かった、あなたを信じる。あなたの失くした足、探してあげる。私、約束するわ」

ミリーは微笑《ほほえ》んでうなずき、ゆみの両手を握《にぎ》った。ゆみもやさしく握り返して
「私たち友だちよ……じゃぁ、どうすればいいの、言って」

「ありがとう。私をお星様がいっぱい見えるところに連れ

ていって」

「簡単《かんたん》だわ。服を着替《きが》える間、少し待っていてね。お出かけ七つ道具も忘《わす》れないように持って行こうっと」

そう言って、ゆみはバタバタと準備《じゅんび》にかかった。

「ユミ、あなたはきっと失くした足を見つけてくれるわ……そして、あなたを連れてあの日に帰らなければならない訳も……」

夜空へ

ゆみは屋根の上に立っていた。満天の星空だ。

胸《むね》にはミリーをしっかり抱《だ》いている。

「ミリー、どう。気に入った?」

「ええ、素晴《すば》らしいわ。きっとうまくいくわ。じゃ、気をつけて屋根に寝《ね》そべって」

ゆみは言われたとうりに、
ゆっくりと仰向《あおむ》けに寝そべった。

「こう？」

「私をとなりに置いて」

ゆみは胸に抱いていたミリーを
隣《となり》へそっと置いた。

「これでいい？」

「ええ。そして手をつないで」

ゆみはミリーの手をとった。

「これでいいのね」

「いいわ。準備《じゅんび》ＯＫよ。ユミ、
夜空だけを見つめていてね」

ゆみは、ミリーから夜空へと
目を移《うつ》した。
ゆみの前には、星々が輝《かがや》きを
放つ怖《こわ》いほどの美しい宇宙空間が
広がっている――。
「きれい……。吸《す》い込《こ》まれそう……」
言葉では確《たし》かにそうだったが、この時、
ゆみの五感は違《ちが》うものを感じていた。

身体《からだ》が浮《う》いているようなフワフワした感じ……。あれっ？……この感じ覚えてる……？　あれは……どこで？と、思った時

「ユミ、私の手をしっかり握《にぎ》って。はなしてはダメよ！」

ミリーが命令《めいれい》するように強く言った。

「うん分かった。しっかり持ってる。でもミリー、いつまでこうしているの？」

「もう少しよ……」

ミリーは心の中で言った――

許《ゆる》してね、ユミ。今からあなたを不幸な時代へ連れて行くわ。でも、あの時でなければあなたに渡すことができないものがあるの――

「まだなの、ミリー」

「ユミ、ちょっと下を見て」

そう言われて、ゆみは仰向けの姿勢《しせい》からゆっくり視線《しせん》を下に向けた。

すると、はるか下に町の灯りがちらほらと見えた。

驚愕《きょうがく》したゆみは絶叫《ぜっきょう》した。

「ウワッーッ！　そ、空に、う、浮いてるーッ」

「これで出発できそうね。じゃ、スタートよ」

ゆみの身体はさらにグイっと浮いた。

「ヒーッ！　お、落ちるーッ！」

「さあ、タイムトンネルの入口までひとっ飛びするわ。ユミ、ぜったい手を離《はな》さないでね」

ミリーが言うと同時に、二人は大きく飛行態勢《ひこうたいせい》へと旋回《せんかい》した。ゆみがまたしても絶叫する。

「ウワァーッ！　と、飛んでるぅッ！」

驚《おどろ》いているゆみにおかまいなく、ミリーは何かを探している様だ。ミリーは飛行速度を上げながら、まるでパイロットのように右へ左へと、果てしない宇宙空間を飛んでいく。

ゆみも徐々《じょじょ》に落ち着いてきた。

「ミリー、あなたはきっとETなんだわ。だって、簡単《かんたん》な

単語しか習っていないのに、ミリーの英語が分かるなんて、そのせいね」

ミリーは微笑《ほほえ》んでウインクした。

「ユミ、今どんな気分？」

安定飛行になって、ゆみに余裕《よゆう》が出てきている。

「ピーターパンになった気分よ。空を飛ぶって最高に素敵《すてき》。

ねえ、ミリー、あなたの声、前に聞いたことがあるような気がする……思い出せないけど。ま、いいか……

ねえ、どれくらい飛ぶの？」

「わからない……トンネルの入口が見つかるまで」

「目印は？」

「ないわ」

「そんな！」

驚いたゆみの体勢《たいせい》が崩《くず》れた。同時に、握った手がミリーから離れ、ゆみは真《ま》っ逆《さか》さまに落下していった。

「ウワァーッ！　ミリー、助けて！」

急降下《きゅうこうか》したミリーは、素早《すばや》くゆみの下に回り込んで、落ちていくゆみの手を掴《つか》んだ。

「ユミ、バランスを崩してはダメ。しっかり飛行機のようになって」

ゆみは両手を広げ、体勢を立て直した。

「ありがとう、ミリー。バランスね、覚えておく」

「今はそうよ、でもトンネルは別よ。

あらゆる力の作用が働くから、何が起こるか分からない」

ゆみはギョッとして、

「死なない？」

「大丈夫《だいじょうぶ》。ちょっと目が回るくらいかな」

「なーんだ、じゃ、へっちゃらだわ。回転ジェットコースターに続けて二回乗れるんだから」

「それを聞いて安心したわ」

「でも、トンネルの入口が見つからなきゃどうするの？朝になっても見つからなかったら？」

「その時はその時のことよ。でも、大丈夫。きっと見つけるから」

そうね、見つけなくては。あなたの足を元通りにしなくては……と、ゆみも自分に言い聞かせた。どれくらいの時間を飛んだだろうか。飛行する二人の前方に、うすく霧《きり》がかかった湖のような幻想的《げんそうてき》な空間が現《あら》われた。

「見つけたわ」

ミリーが言った。

「あのぼんやりと霧がかかっているようなところ？」

「そうよ、あそこが入口よ」

二人は、その幻想的《げんそうてき》な空間の上空で止まった。

ゆみは下をのぞき込んで、

「これがタイムトンネル？　良かった。私は、もっと暗くて怖そうなトンネルかと思ってた……でも、すべり台みたいならもっと良かったのになぁ……」

ミリーはゆみの気持ちを確認《かくにん》するように
「ユミ、大丈夫ね」

ゆみは大きくうなずき、つないだ手をしっかりと握り直した。

「さあ、行くわよ、ユミ」

まるでバンジージャンプをするように、霧に包まれたドーム状のトンネルの中へと二人は飛び込んで行った。ミリーが言った通り、そこはあらゆる方向から未知の力が加わる嵐《あらし》の渦《うず》のようだった。二人はキリモミ状に、Ｖ字型に、あるいは遊泳するように、吹き飛ばされるように、吸い込まれながら落下して行く。

「ミリー！　ミリー！」

「ユミ！　ユミ！」

二人はたがいに声をかけあって嵐の中を突《つ》き進んだ。闇《やみ》が続くと思えば、真っ白い世界に変わり、また闇に戻る。それを何度か繰《く》り返す内に、行く手に一条《いちじょう》の光がさした。すると、一気に辺りが眩《まぶ》しくなって、暑い陽ざしがゆみに降《ふ》りそそいだ――。

ヒロシマへ

とある公園。木々の間から夏の陽ざしがこぼれている。絶え間ないセミの鳴き声が聞こえる。ブランコの音がギーコ、ギーコとする中、クゥーンという犬の鳴き声がして、うつ伏《ふ》せになったゆみの頬《ほ》っぺをなめている。

「ユミ、ユミ」

と呼《よ》ぶ声が聞こえた。ゆみはぼんやりと目を開けた。

「もう、ビッグゴンたら。やめてよ」

と、言いながら開いた目に、ミリーがぼんやりと見えた。

「ユミ、気がついたのね。私たちタイムスリップしたのよ」

ハッとして、ゆみは起き上がった。

……タイムスリップ？……そうだった！　頬っぺをなめていたのはビッグゴンだと思ったけど……

「それじゃ、ここはあの日のヒロシマ!?」

そう言ったゆみは慌《あわ》てて周囲を見回した。でもここには、写真で見た焼けただれたヒロシマはない。

夏の陽ざしと豊かな木々の緑。

セミの鳴き声が響《ひび》く平和な広島の田舎町《いなか》だ。

「ミリー、ヘマしたんじゃない？　あんなに大変な思いをしてタイムスリップしてきたのに、ここは何も起こっていない静かなところじゃない？」

ミリーは首を振《ふ》り、ゆみの後ろを指さした。

「ユミ、あそこを見て」

ミリーの指さす方向に振り向くと、大きな木の枝に作られたブランコで遊んでいる女の子がいた。よく見ると、胸に人形を抱《だ》いている。

「あっ、あのお人形は――ミリー、あなただわ！」

「そうなの。あの子はいつもあんな風に私《わたし》を抱いていてくれたの。眠《ねむ》るときもね」

「と言うことは、やっぱりここはあの日の――」

「ゆみのおばあさんが疎開《そかい》していた家があるわ。ほら、あそこよ」

「行ってみたい」

ミリーはうなずいた。

ゆみの頬っぺをなめていた犬が、ゆみの側《そば》から離《はな》れない。

じっとゆみを見上げている。

「野良《のら》くん、分かったわ。今から私のガードマンよ」

犬はしっぽを振ってコロコロついてきた。おばあさんが疎開していた家は、農家のような感じだった。その家の前では、街から来たらしき人が衣服なんかを、お米や野菜と交《こう》換《かん》している。向こうから六、七人の兵隊がダッダッダッと足早にやってきた。両手で銃剣《じゅうけん》を抱えながら。農家の前でやりとりをしていた人たちは、あわてて品物を隠《かく》すと神妙《しんみょう》に頭を深く下げて、兵隊が通り過ぎるのを待っている。違《い》法《ほう》な食糧交換《しょくりょうこうかん》に気づかないのか、兵隊はただジロッとにらむだけで通り過ぎて行った。その光景を見たゆみは、目を見開いたまま身震《みぶる》いした。

「兵隊さんをはじめて見た……怖い、持っているあの長い銃……」

別の方から、おじいさんが荷車に野菜を積んで引いてきた。その回りを子供たちが、荷台に乗ったり押《お》したりしながら遊んでいる。のどかな田舎のありふれた風景。野良くんが走っていって、おじいさんの回りで嬉《うれ》しそうにじゃれている。兵隊と子供たち――ゆみには説明が出来ない不思議な光景。

「ここには、怖い戦争と平和な日が一緒《いっしょ》にある……」

ミリーが言った。

「みんな心の中では、戦争のない平和な日を願っていたのよ。それが――誰《だれ》一人として想像もしなかった恐ろしいことが、あと数分後に起こってしまうの――」

ミリーの言葉に、ゆみは背筋《せすじ》が凍《こお》った。パソコンで見たあの惨状《さんじょう》が瞬時《しゅんじ》によみがえった。遠くに見える大きな時計が8時8分をさしている。ゆみは空を仰《あお》いで、

「あぁーッ」と大声を上げた。

「ミリー、あの子のところへ戻らなくては！」

ゆみは走り出した。野良くんも追いかけてくる。

「ミリー、何とかできないの！　時間はまだ少しあるわ。超能力《ちょうのうりょく》で止められないの！　あの子を助けなきゃ！」

二人と一匹《いっぴき》は、走って走ってブランコへと戻った。

「良かった！あの子がいた！。ミリーも！　さぁ、早く、何とかしなきゃ！」

ミリーが無気力に首を振った。

「どうして！　今ならあの子を助けられる！　あなたの足も無事なのよ！」

ミリーはさらに悲しそうに
「ユミ、過去《かこ》を変えることは誰にもできないわ」

「どうして！　みんな死ぬのよ！　広島が全滅《ぜんめつ》するのよ！　原子爆弾《げんしばくだん》が落ちてくるのが分かっていて、どうして何もできないのよ！」

「できないの。ユミはこの時代の人じゃないもの……」

その言葉を聞いたゆみの身体《からだ》がヘナヘナと崩《くず》れていった。震《ふる》える手が地面を握《にぎ》りしめた。大時計が8時12分になっている。ゆみは天を仰いだ。

「ああ、神さま、どうすればいいの――」

晴れた夏空に立ちはだかる入道雲の間から、ゴーーッと近づく飛行音が聞こえる。野良くんがクウンクウンとゆみにすり寄ってくる。ゆみは野良くんを抱きしめた。涙《なみだ》が溢《あふ》れてくる。

「逃《に》げて、逃げてよ……お願いだから逃げて」

「ユミ、泣かないで。今、一つだけあなたにできることがあるの……」

えっ？　ゆみの表情《ひょうじょう》が変わった。

「何！　何なの！　ミリー言って、何でもするわ！」

「これを……鳴らしてほしいの……」

ミリーは手をゆみの手のひらに重ねた。そして、重ねた手をゆっくり開いていった。と、小さなガラスの鐘《かね》が現《あらわ》れた。

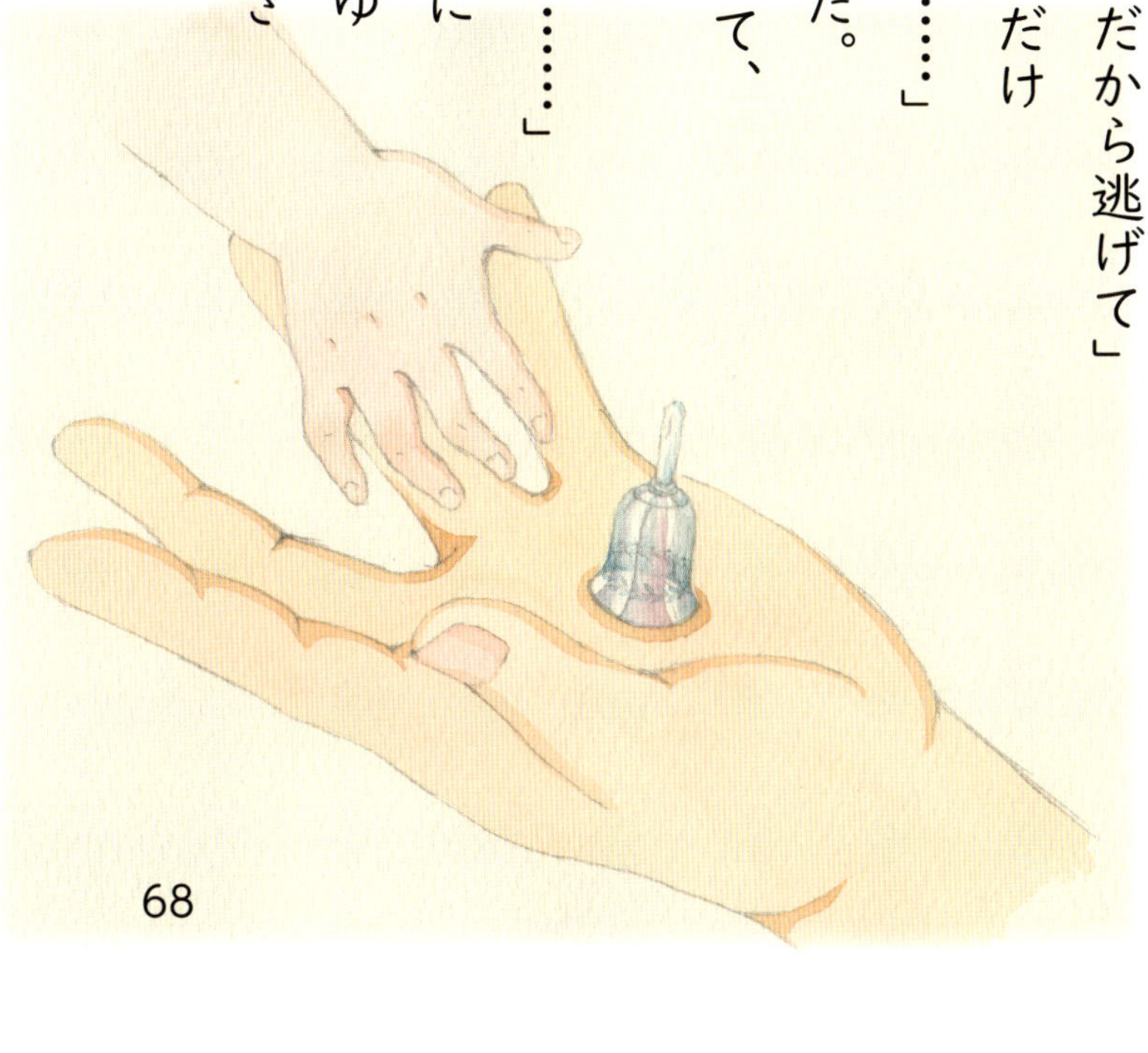

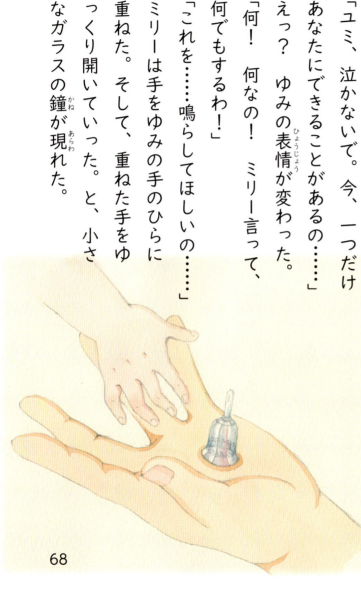

「きれい……きれいな鐘」

「ユミ、これは平和を呼び戻《もど》す鐘よ……

この広島で今から起きること……

それをユミには残らず知ってもらいたいの。

核爆弾《かくばくだん》の恐《おそ》ろしい姿を……

そして二度と同じことを起さないように……」

「……恐《こわ》い……恐いわ……とてもできない……」

「ユミ、辛《つら》いことだけど、そうしなければこの鐘は鳴らないのよ。平和な世界を心の底から願える子どもの祈《いの》りだけが、この鐘を鳴らすことができるの。

それは、ユミ、あなたなのよ……」

ミリーは、ひと言ひと言をゆみの心に呼びかけるように言った。ゆみは、ガラスの鐘を握りしめ胸《むね》にあてた――。

「ミリー、分かったわ……やってみる……やってみる」

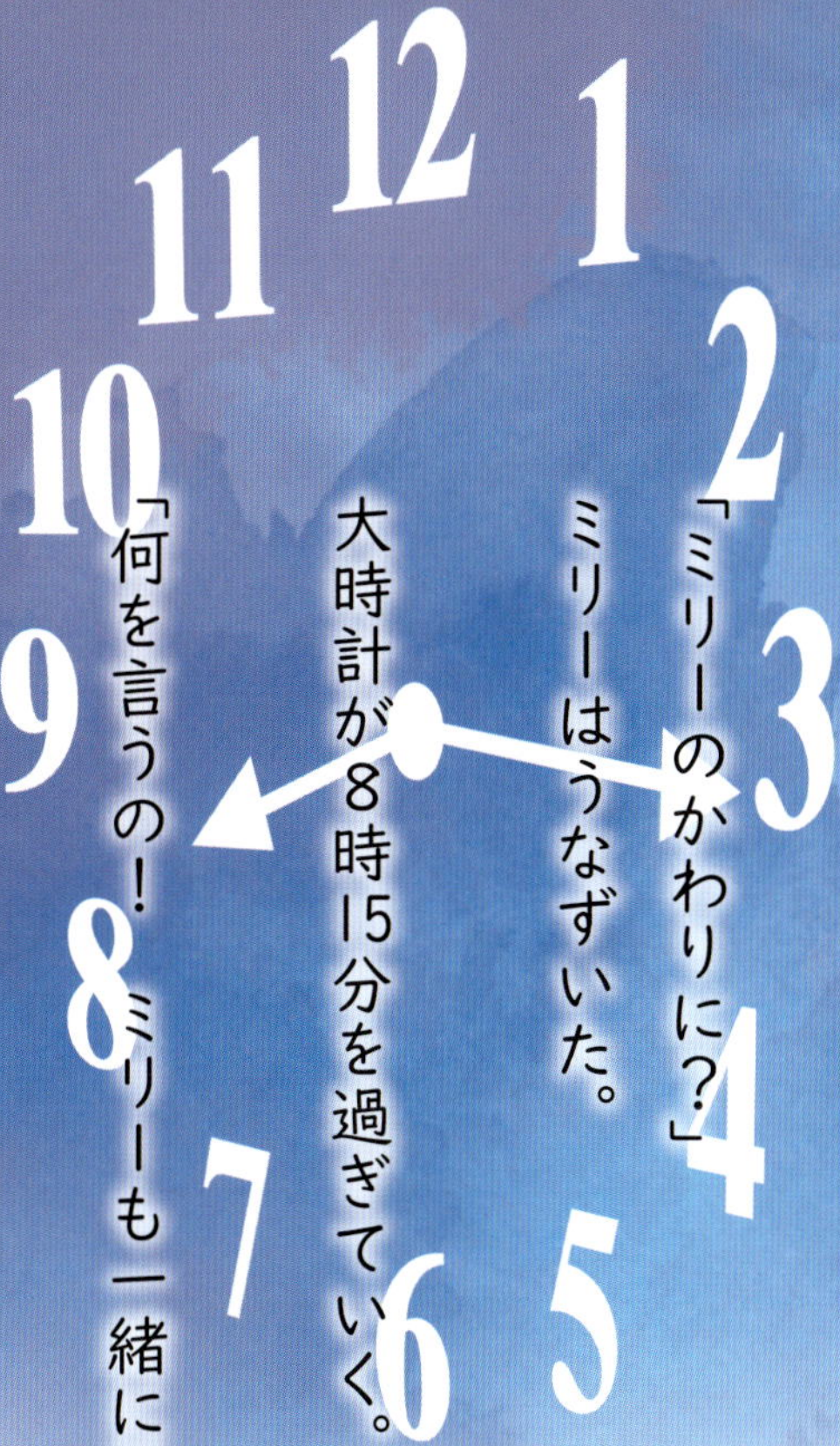

大時計が8時14分を指した。

遠くで聞こえていた爆音が間近になった。

ゆみはしっかりうなずいた。

「ユミが鳴らす鐘の音は、世界中に届《とど》くわ。地球という『いのちと愛にみちた星』を守るために響《ひび》きわたるのよ。そしてその鐘がユミをお家に送ってくれるわ。私のかわりに」

「ミリーのかわりに?」

ミリーはうなずいた。

大時計が8時15分を過ぎていく。

「何を言うの!　ミリーも一緒に帰るのよ!」

そう言った瞬間、鋭《するど》い閃《せん》光《こう》が走った——。

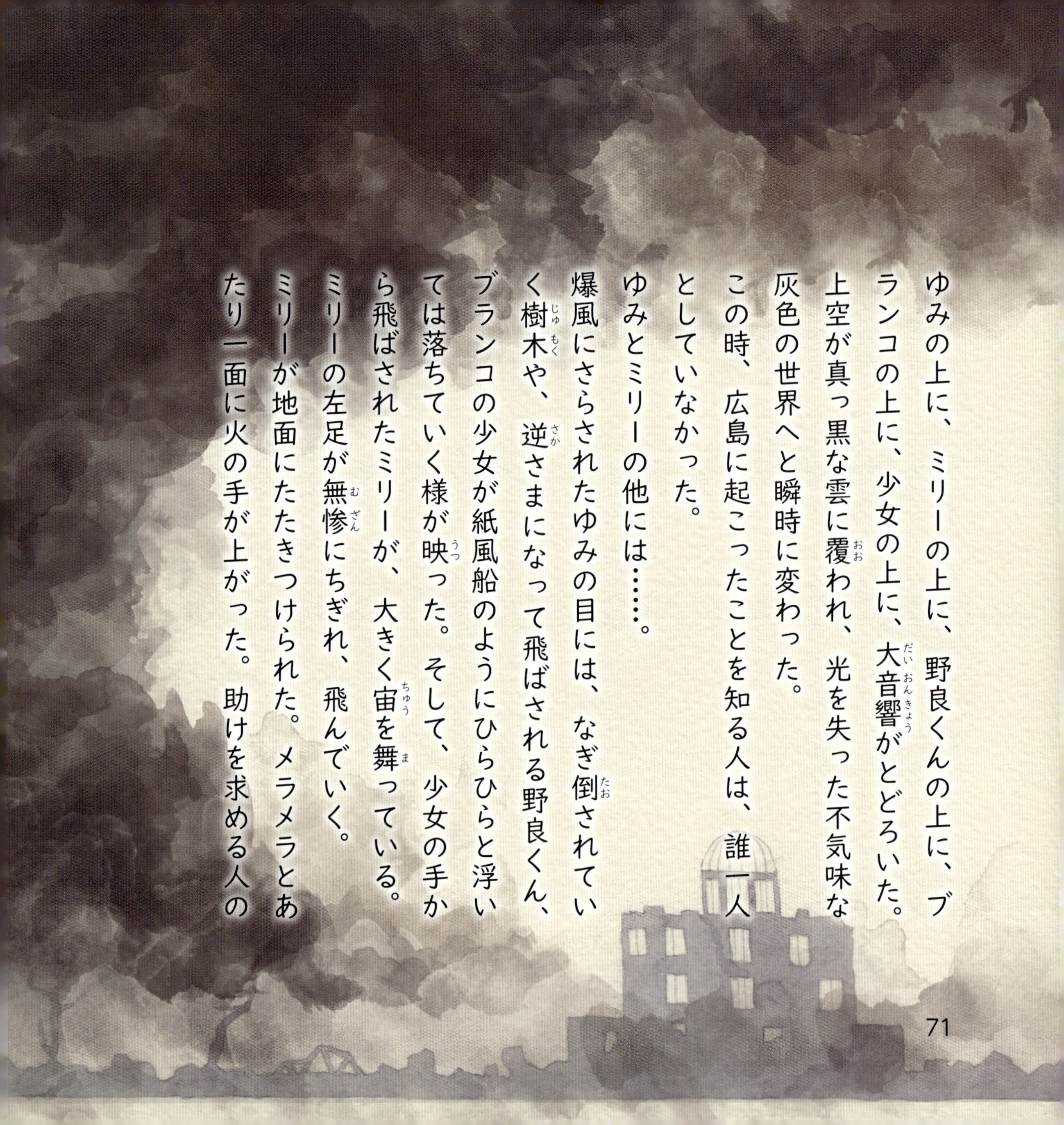

ゆみの上に、ミリーの上に、野良くんの上に、ブランコの上に、少女の上に、大音響《だいおんきょう》がとどろいた。上空が真っ黒な雲に覆《おお》われ、光を失った不気味な灰色の世界へと瞬時に変わった。

この時、広島に起こったことを知る人は、誰一人としていなかった。

ゆみとミリーの他には……。

爆風にさらされたゆみの目には、なぎ倒《たお》されていく樹木《じゅもく》や、逆《さか》さまになって飛ばされる野良くん、ブランコの少女が紙風船のようにひらひらと浮いては落ちていく様が映《うつ》った。そして、少女の手から飛ばされたミリーが、大きく宙《ちゅう》を舞《ま》っている。

ミリーの左足が無惨《むざん》にちぎれ、飛んでいく。

ミリーが地面にたたきつけられた。メラメラとあたり一面に火の手が上がった。助けを求める人の声があちこちで聞こえる。倒れた少女の手が、ミリーを探すようにピクピク動いた。

背中が焼けただれている。

「ミ、ミリー！　ミリー！」

ゆみは大声で叫《さけ》び、這《は》いずり、泣きながらミリーにかけ寄った。ミリーを抱き上げ、

「ミリー！　なんてこと！　なんてことに！」

ゆみは大声を上げて泣いた。ミリーは
「こんなこと誰も望んでいない……ユミ、この星を……地球を守らなくては……」

「ミリー、死なないで！　死んじゃダメッ！」

叫びながらゆみは思い出した。

「そうだ、足！　ミリーの足を探さなくっちゃ！」

ゆみは、戦場さながらの焼け野原の中を、飛び散ったミリーの左足を探し回った。

目に映るすべてが崩れ、焼けただれている。

上空には、立ちはだかるように巨大《きょだい》なキノコ雲が見えた。無惨で悲惨《ひさん》で残酷《ざんこく》な世界が地平線の彼方《かなた》まで埋《う》め尽《つ》くしている。瞬時にガレキと化した家々。折り重なって息絶《いきた》えている人たち。燃えた衣服のまま、無意識《むいしき》によろよろとさまよう人。何度かニュース番組で見た戦場そのものだった。ミリーが伝えたかったのは、この惨状《さんじょう》だったんだ。ゆみは、足がすくんでしまいそうになりながらも、ミリーとの約束を守らなければと懸命《けんめい》に這いずり回った。そして、ガレキの間に、傷《きず》だらけになったミリーの左足を遂《つい》に見つけた。汚《よご》れを払《はら》い、優《やさ》しくなでながら、

「ミリー、約束を守れたわ。あなたの足を見つけたのよ。だから一緒に帰れるわ」

だが、ミリーは首を振った。

「私を最後に抱いてくれたあの子……かわいそう

……もうお母さんに会うこともできずに一人ぽっちで死んでいくのよ……私はあの子と約束をしたの……あなたに会えれば必ず帰ってくるって……だからあの子は私を待っているのよ……お願い、側へつれていって……」

「ミリー、お願いだから私と一緒に帰って」

ゆみの目から涙がとめどなくこぼれ落ちる。

「ユミ、私はあなたの記憶《きおく》の中で生きるわ――」

「ミリー……」

「ユミ……お願い私をあの子の側へおいて――」

ゆみは耐《た》えられなかった。が、ミリーの最後の願いを叶《かな》えることが今の自分にできる最善《さいぜん》だと思えた。泣きながらミリーに頬ずりすると、少女の胸元にミリーを添《そ》わせ、ちぎれた足をそっと元へ戻した。

「ありがとう、ユミ」

ゆみはコクンとうなずき、ポシェットからキャンディー
を取り出して、少女の手に握らせた。
「ありがとう、やさしいユミ。さあ、行って。
あのキノコ雲に向かって歩いて行くのよ。
私の鐘を胸に……
ユミにはきっと
鳴らすことができる……
……鳴り始めると、
あなたは帰れるのよ……
さようなら、ユミ」
そう言うと、ミリーは青い
目をゆっくりと閉じていった。
ゆみは、髪かざりをはずし、
そっとミリーの胸へおいた。
そしてポシェットからハンカチを取り出すと、

息絶えている野良くんの首に結んだ。


ゆみは空を見上げた。

あの巨大雲《きょだい》が広島を占領《せんりょう》している。

ゆみは唇《くちびる》をきッと結ぶと、
キノコ雲に向って歩き出した。

涙が、涙があふれて止まらない――。

胸にあてた手が小刻《こきざ》みに震《ふる》えている。

広島の街全体がメラメラと燃えていた。

その地獄《じごく》のような光景《こうけい》の中をゆみは歩いて行った。

ときにつまずき、倒れそうになりながら、目を覆《おお》いたくなるようなこの出来事を、決して忘れてはならないと心に刻《きざ》みながら。

いつしかゆみの目には、悲しみや怒りの次元《じげん》とは別の、祈《いの》りに導《みちび》かれるような涙があふれていく――

宙を切り裂《さ》く閃光《せんこう》――
ブランコで遊ぶ少女――
吹《ふ》っ飛んでいくミリーの足――
倒れた少女のまさぐる手――

「人々の優《すぐ》れた知恵《ちえ》が、美しいままのこの星をいつまでも守ってくれますように――」

ミリーの声がこだまする中、ゆみは激《はげ》しく涙をぬぐいながら歩いた。
ゆみの瞳《ひとみ》は、正視《せいし》できようも無いヒロシマをとらえていた。
手のひらの鐘をゆみはしっかりと握りしめた。
ミリーの深く青い目が微笑《ほほえ》んでいる。
ゆみは鐘を両手に包み込むようにして胸にあてた。
祈るように――。

ゆみの涙が頬をつたって胸に落ちていく。
——すると、
どこか遠くで、リンリンと鐘の音が聞こえてきた。
ゆみは覆いかぶさるキノコ雲を見据《みす》え、ずんずんとその中心へと向かって行った。
鐘の音が少しずつ高鳴なって、ゆみの耳に響いてくる。

リンリン———リンリン———

その響きは次第に大きくなり、澄《す》みきった音色《ねいろ》はまるでバリアを作るようにゆみを包み込んだ。

ゆみは走り出した——。

鐘の音の方へ。キノコ雲の方へ。

ゆみは絶叫《ぜっきょう》した。

「ミリー！」

あたり一面が灰色の世界と化した
ヒロシマ。
その中に一筋の
光が射《さ》し
込んできた。
それはゆらゆらと
崩れながら
やわらかい光の
輪となり、その中を
ゆみが漂《ただよ》っている。

ミリーの声がした。
「あなたの心が
鐘を鳴らしてくれたわ……
ユミ、ありがとう。
この広い宇宙の中で
たった一つの
愛の星――
かけがえのない
その星を
守れるのは……
ユミ、あなたたちなのよ……」

ゆみの部屋

夜明けを迎《むか》えたゆみの部屋。ゆみはシーツにくるまって、もがいている。しばらくすると、ガバッとシーツがめくれ、目を覚ましたゆみが跳《は》ね起きた。怖々《こわごわ》あたりを覗《うかが》うように見まわした。いつもと何も変わらない自分の部屋だ。ほぉーっと吐《と》息《いき》をもらした。

でも……ひどく疲《つか》れている……。頭がとても重い。ゆみは両手で顔を覆《おお》い、再び布団《ふとん》に突《つ》っ伏《ぷ》した。と、顔が濡《ぬ》れてぐしゃぐしゃだ。涙《なみだ》？——私《わたし》、泣いていたの？……夢《ゆめ》で泣いていたの？

何が起こったのか、どんな夢を見たのか、にわかには思い出せない。

……落ち着いて……ゆっくり思い出すのよ……。ゆみは自分に言いながら、昨日の夜へと記《き》憶《おく》を戻《もど》していった。

そうだ！　青い目のお人形！　思い出すや否《いな》やすぐさま椅《い》

子《す》に目をやった。

いない――あの椅子に座《すわ》っていたはずのお人形は？

確《たし》かに、確かに座っていたのに――。

そして私に話しかけてきた――。それは、夢とはとても思えない感覚で残っている。ゆみは自分に目を向けた。きちんと服を着ている。この服は確かにパジャマから着替《きが》えた服だ。ポシェットには七つ道具もちゃんと入っている。懸《けん》命《めい》に思い出そうとするゆみの頭に、それらはまるで映画《えいが》のシーンをつなぐように徐々《じょじょ》によみがえってきた。満天の星空――、深い霧《きり》の中――、吸い込《こ》まれる嵐《あらし》の渦《うず》――、私はあのお人形の無くした足を探《さが》しに、タイムスリップしたんだ――。

――あのタイムスリップは夢じゃなく本当だったんだ。ゆみはゆっくり窓辺《まどべ》にいくと、空を仰《あお》いだ。まだ明けやらぬほの暗い空。

――あの空を飛んで……私……私……

記憶の輪郭《りんかく》がゆみの中でくっきりと浮《う》かんでくる。と、見上げていた夜明けの空を裂《さ》くように、鋭《するど》い閃光《せんこう》が光った。

ゆみは思わず目をつぶった。

同時に、胸を押しつぶすような痛《いた》みに襲《おそ》われた。

——私……ヒロシマを……あの瞬間《しゅんかん》を見たんだわ!!

ゆみはこの瞬間にすべてを思い出した。


ミリー！　あの鐘《かね》は?!　あなたがくれたあの鐘！

とっさに手を開き、この手に渡してくれたあの小さな鐘は？　ポシェットをまさぐった。が、見当たらない。

ベッドだ！

ゆみはベッドに駆《か》け戻り、シーツを跳ね上げ鐘を探した。

見つけた！

シーツのひだに隠《かく》れるようにして鐘は潜《ひそ》んでいた。その小さな鐘を両手でそっと包み込むようにして、ゆみは祈《いの》るように胸《むね》にあてた。

「良かった!!

ミリー、私はやっぱりあなたと会ったのよ。ミリーあなたは今、あの子の側にいるのね。足を見つけられてよかった。

もう、会えることは叶《かな》わないけど、あなたの事は永遠《えいえん》に忘《わす》れない。……聞いてくれた?……私が鳴らせた鐘の音……あのヒロシマになり響《ひび》いたのよ。澄《す》みきった美しい鐘の音が……」

——ミリー、あなたがくれた鐘……ミリーの鐘。

夜が明けていく。

ゆみが手のひらを見つめると、リンリンと美しい音色が聞こえてきた。ゆみは鐘にそっと頬《ほお》ずりをした。

――なんてやさしい音色……ミリー、あなたは私の中で生きているのね。

悲しみと喜びが入りまざった涙がゆみの頬をつたう。

その泣き顔に、いつしか微《ほほ》笑《え》みが――。

全校集会

真夏の太陽が輝《かがや》いている。ゆみの通う小学校の校門には、「8月6日　全校平和集会」の立看板《たてかんばん》が掲《かか》げられている。

運動場には、全校生徒が整列していて、壇上《だんじょう》に立った校長先生が話し始めた。

「昭和20年8月6日、私たちはこの日を忘《わす》れてはなりません。あのいまわしい原子爆弾《げんしばくだん》が広島に落とされた日です。一瞬《いっしゅん》にして14万人という多くの罪《つみ》なき人びとの命を奪《うば》いました。私たちは二度とこのような事を起こさないという誓《ちか》いとともに、あの広島で、そして長崎で、亡《な》くなっていった人びとの冥福《めいふく》を祈《いの》って、ここに、一分間の黙祷《もくとう》を捧《ささ》げます。」

ゆみは、手に握《にぎ》りしめた小さな鐘《かね》を、そっと両手の間に潜《ひそ》ませた。校長先生をはじめ、全員の先生、そして全校生徒が頭をたれ黙祷が始まった。咲子《さきこ》に、加奈《かな》、そして洋平《ようへい》と拓也《たくや》。いつもは陽気な仲間の四人も、心にヒロシマを思い浮《う》かべているのか、真剣《しんけん》な面持《おもも》ちで頭をたれ手を合わせている。厳粛《げんしゅく》な時間が校庭を包み、平和に向けた心が一つになっていく。

合掌《がっしょう》するゆみ。閉《と》じた眼の向こうに微笑《ほほえ》むミリーが見える。ミリーと共に生きた時間が、走馬灯《そうまとう》のように次から次へと脳裏《のうり》を走る。遠くから、リンリンとあの鐘の音がゆみの耳に聞こえて来た。

……ミリー、あなたには聞こえているはずね……あなたの鐘は、今、みんなの心に鳴り響《ひび》いているのよ。その鐘の音は、次第に大きくなって、ゆみの心から溢《あふ》れ溢れて――。

ミリーの鐘が世界中に鳴り響《ひび》きますように――。

美しい海と空

夏休みも半《なか》ばを過ぎたある日。
太陽の光にさんざめく大海原《おおうなばら》。
どこまでも続く砂浜《すなはま》。
夏休みがくれる一番ステキな贈《おく》り物。
その海にゆみたち一家がやって来た。
お父さんと約束した待ちに
待った海だ。 波打ち際《ぎわ》で、
ゆみとゆずるとビッグゴンが
追いかけっこをしている。
浅瀬《あさせ》で仲間入りしたお父さんが、
ゆみとゆずるに水をかける。
ワァーワァーキァーキァーと

大はしゃぎの二人と一匹《いっぴき》。
大きなパラソルを広げ、
その下でお母さんが、
みんなの楽しげな様子を
満足げに見ている。
彼方《かなた》を見れば、のんびりと
ヨットが進んで行く。
波乗りを楽しんでいる人も見える。
それぞれの人たちが、
ふりそそぐ陽ざしの中で
幸せに満ちている。

ゆみは、空と海がつくる水平線を見つめ続けた――。

「こんなに美しい海が、空が、砂浜が、私の目の前に広がっている。

地球はあらゆる自然を通して、私たちに大きな大きな愛をくれている。

なのに、その愛に気づかず、人間は憎《にく》み合い、傷《きず》つけ合い、この美しい星を破壊《はかい》しようとさえしている。

戦争で得るものは何もなく、失うものは言いつくせない。

あの日を思うたび、ミリーの鐘《かね》が鳴ります。

そしてこの星が言うのです。

『いのちと、愛と、緑が私《わたし》を輝《かがや》かせているのです。

どうかその事を忘《わす》れないで下さい』――と。

おわり

milly

あ・と・が・き

本書を手に取って頂き、読み進んで下さってありがとうございます。長い間、「ヒロシマ」は私の中でくすぶり続けていたのですが、思うように書けないまま、気がつけば数十年が過ぎていました。

それが、本気で「核」を考えざるを得ない出来事が、日本でそして、世界で起こりました。

福島原子力発電所の爆発、加えて他国での核開発の脅威《きょうい》。


「ヒロシマ」は、世界で最初の「核攻撃」を受けた街です。

平和の中で育っている皆さんに「核」の怖さを伝えるにはヒロシマの惨状を知ってもらうしか無いと改めて思った時、くすぶり続けていた私の心に火がつきました。と同時に、ミリーが目の前に現れて、そのミリーに導かれるように、物語がひとり歩きしだしたのです。


ミリーと手をたずさえ、一緒に空を飛んでくれた読者の皆さん。

あなたの心に届けられたミリーの鐘が、あなたの回りの人達の胸にも鳴り響いてくれますように――と願っています。

おかの　れい

本書が出版できるまでの間、戸惑う私に惜しみなく力を寄せて頂きました南浦様と川瀬様には心からお礼申し上げます。

又、本書の出版を思いついた時から、今日まで終始応援して下さった藤吉様の存在なくしては出版の実現は無かったと思います。

心より心より感謝申し上げます。

合掌

空を飛んだ夏休み　―あの日へ―

2018年12月1日　第1刷発行

著　者　丘乃れい　おかの れい

絵　大西雅子　おおにし まさこ

発行者　稲川博久

発行所　東方出版株式会社
〒543-0062　大阪市天王寺区逢阪2-3-2
Tel.06-6779-9571　Fax.06-6779-9573

印刷所　株式会社 国際印刷出版研究所

乱丁・落丁はおとりかえいたします。
ISBN978-4-86249-354-5